Blita

Autora: Inés Sánchez Rodríguez
Ilustradora: Lucía Barrios

Círculo Rojo
EDITORIAL

fundación
JuanXXIII

Sobre la autora: Inés Sánchez nació en Guadalajara en 1978, aunque es madrileña de adopción. Ya nació queriendo ser maestra, pues es hija de maestra y nieta de maestra. Durante muchos años ha dedicado una gran parte de su tiempo libre a trabajar con personas con discapacidad.

Es profesora de Educación Física desde 2006. Aunque empezó a trabajar con niños mucho antes. Lo más importante de su vida son su familia y sus dos hijos: la princesa Emma y Mateo, al que siempre llaman en casa Bolita, y a él dedicó este cuento que narra de algún modo su historia.

Sobre la ilustradora: Lucía Barrios (Lugo, 1982) trabajó varios años como diseñadora gráfica en su ciudad mientras soñaba con dedicarse a la ilustración, así que se decidió a dar el paso y actualmente compagina ambas profesiones, dedicándose en especial a la ilustración de libros infantiles. Trabaja para diferentes editoriales de ámbito nacional.

Su técnica es digital, busca siempre que sus ilustraciones recuerden al dibujo manual y especialmente a los dibujos que a ella le gusta recordar de los libros que leía de pequeña. Su parte favorita es la de crear personajes y jugar a dar, siempre que pueda, un toque de humor a todo lo que hace.

Querido lector, querida lectora:

Con la adquisición de este libro, no solo vas a descubrir la maravillosa historia de Bolita, sino que además te convertirás en un héroe o heroína de la inclusión.

Todos los beneficios obtenidos por la venta de este libro serán donados al colegio Juan XXIII-Buenafuente de Educación Especial, perteneciente a FUNDACIÓN JUAN XXIII, entidad que trabaja desde hace más de 55 años por la inclusión social y laboral de personas en situación de vulnerabilidad psicosocial (especialmente con discapacidad intelectual y/o enfermedad mental).

Este cole no solo enseña, sino que trabaja duro cada día por la plena inclusión y por dar al alumnado y a sus familias una atención personalizada e integral desde la etapa infantil hasta la transición a la vida adulta.

Por ello, cada página de Bolita representa la ilusión y la sonrisa de cada uno de estos chicos y chicas.

Porque todas las personas merecemos un futuro digno.

Gracias por ayudar a su inclusión y contribuir a un mundo más justo y solidario.

Bolita era una pelota
redondita y pequeñita.

A Bolita le gustaba saltar
y saltaba, saltaba, saltaba,
en cualquier lugar.

Bolita quiso hacer
algo en la vida
y el mejor deporte
encontrar un día.

Bolita al fútbol fue a jugar.

Pero pronto vio
que ese no era su lugar.

Bolita en el tenis
probó suerte.

Y, tras conocer los golpes de la raqueta,
pensó que allí nunca estaría quieta.

Bolita quiso jugar al golf.

Y, aunque el campo le encantó,
de tanto rodar ella se cansó.

Bolita descubrió
el baloncesto.

Y pensó:
«¡Qué chulo, en lo
alto hay un cesto!».

Y, al poco, se aburrió de esto.

Bolita pensó en el rugby.

Pero, aunque ya lo tenía en mente, allí se sentía diferente.

Bolita encontró una bolera; no sabía cómo era.

Sus amigas eran muy pesadas.
No encajaba allí para nada.

Bolita probó el waterpolo.

Pero ver tanta agua
le daba un poco de ahogo.

Bolita descubrió el pimpón.

Pero vio que, en la vida, esa no era su misión.

Bolita
rodaba y
rodaba,
pero nada
le gustaba.

Bolita saltaba y saltaba, pero en ningún lugar se quedaba.

Y un día, por azar,
Bolita se sintió abrazar.

Un niño, que también rodaba,
era el que ahora la abrazaba.

¡Qué maravilla era eso!
¡Mejor aún que el pan con queso!

Cuanto más la apretujaba,
su salud más mejoraba.

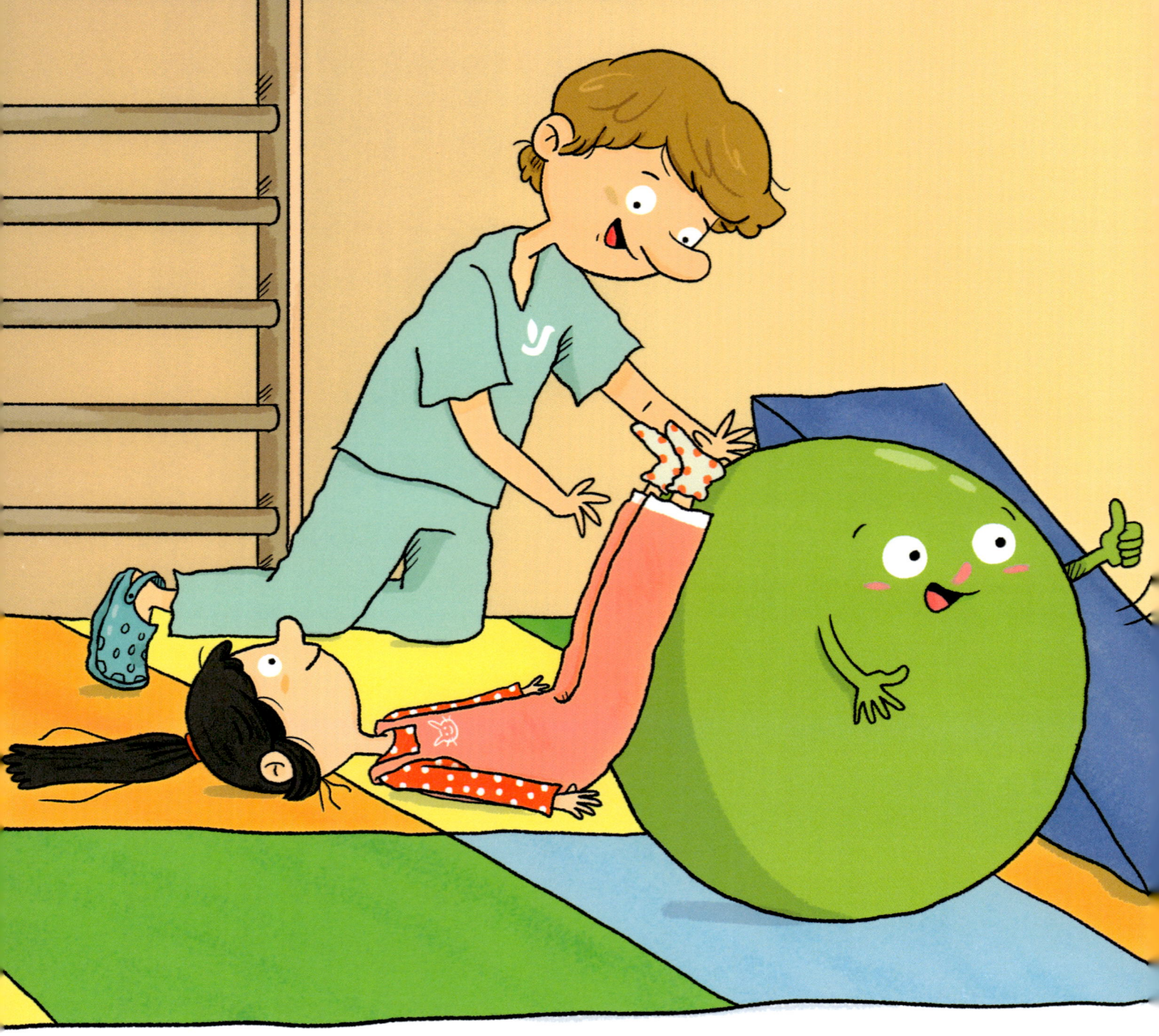

Una sala de rehabilitación,
esa era su misión.

Y Bolita decidió que eso era lo mejor.
Allí se quedaría y ese su deporte sería.

Y, colorín colorado,
de pan con queso me pondré morado.

Primera edición: abril 2024

Depósito legal: AL 777-2024

ISBN: 978-84-1073-105-9
Impresión y encuadernación: Editorial Círculo Rojo

© Del texto: Inés Sánchez Rodríguez y Fundación Juan XXIII.
© Maquetación y diseño: Equipo de Editorial Círculo Rojo
© Ilustraciones: Lucía Barrios, 2024.
   Representada por Tormenta.
   www.tormentalibros.com

FUNDACIÓN JUAN XXIII agradece a Inés Sánchez Rodríguez y a Lucía Barrios la cesión desinteresada de los derechos de explotación de la obra a favor de las labores que realiza la Fundación.

Editorial Círculo Rojo
www.editorialcirculorojo.com
info@editorialcirculorojo.com

Impreso en España - Printed in Spain